U0128055

朝讀經典

力行近仁

國小・高年級

馮天瑜／主編

6

本書編委會

主　編　馮天瑜

副主編　曾　暉

編　委　（以姓氏筆畫為序）

　　　　王林偉　左松濤　邢曉明　劉　耀
　　　　江俊偉　余來明　陳文新　鍾書林
　　　　姜海龍　姚彬彬　徐　駱　謝遠筍

本套讀本的編寫，遵循如下原則：

一、 注重中華文化的弘揚與教育。本套讀本從浩如煙海的傳統文化典籍中，遴選能夠涵養做人處事價值觀的、千古傳誦的經典原文，使學生透過誦讀學習，由淺入深地提高對中華文化的認知度，潛移默化地增強對文化的自覺與自信，認真汲取其思想精華和道德精髓，真正實現中華文化在青少年身上的傳承與弘揚。

二、 尊重中華文化自身固有的特性。從「國文」（語言文字）、「國史」（歷史統系）、「國倫」（倫理道德）三個層面選取古典篇目，兼顧德性培育、知性開發與美感薰陶。因為中華文化本身即是「國文」「國史」與「國倫」的綜合，德性、知性與美感的統一。

三、 尊重學生發展不同階段的特點。選取篇目力求平和中正，典雅優美，貼近生活，明白曉暢，讀來趣味盎然；由易到難，由淺入深，循序漸進，合理編排，使學生先領會傳統文化的趣、美、真，進而達於善。

四、 兼顧篇章組合的系統性和多元性。以家國情懷、社會關愛、人格修養為主線，分主題展示中華文化。篇目選取不限某家某派，不拘文類，義理、詩文、史傳等兼收並蓄，異彩分呈。同時注意選文的易誦易記，便於學生誦讀。

　　中華文化源遠流長，凝聚著古聖先賢的智慧，亦是安身立命的基礎與根本。本套書古今貫通，傳承優秀文化；兼收並蓄，汲取異域英華，對推動中華文化創造性轉化、創新性發展，以及培育才德兼備的下一代，意義深遠。

本書編委會

目　錄

第一單元

謙得益

「月滿則虧，水滿則溢。」古人從這些自然現象中領悟到一個道理：謙虛謹慎，能讓人際關係和諧，讓大家更開心，生活更美好！

❶謙得益①

〔宋〕歐陽修

《書》曰：「滿招損②，謙得益。」憂勞③可以興國，逸豫④可以亡身，自然之理也。

注 釋 ······

①選自《新五代史》（中華書局 1974 年版）。標題為編者
　所加。益，好處。
②滿招損：驕傲自滿招來損失。滿，自滿。招，招致。損，
　損害，損失。
③憂勞：憂患辛勞。
④逸豫：安閒享樂。

文 意 ······

　　《尚書》上說：「驕傲自滿會招來損失，謙虛謹慎能
得到好處。」憂患勞苦可以讓國家強盛，安閒享樂則會讓
人身敗名裂，這是自然的道理。

　　謙虛使人進步，驕傲使人落後。謙虛謹慎、戒驕戒躁，才
能立於不敗之地。

3

謙　稱

謙稱是謙遜的稱呼，以下是一些典型的謙稱：

家父（家嚴）：對人稱自己的父親。

家母（家慈）：對人稱自己的母親。

家叔：對人稱自己的叔叔。

家兄：對人稱自己的兄長。

拙荊：對人稱自己的妻子。

舍妹：對人稱自己的妹妹。

舍侄：對人稱自己的侄子。

犬子：對人稱自己的兒子。

小女：對人稱自己的女兒。

鄙人：對人稱自己。

愚兄：對同輩而年輕於自己的人稱自己。

❷矜ㄐㄧㄣ物之人無大士①

《管子‧法法》

凡論人②有要③。矜物之人，無大士焉。彼矜者滿也，滿者虛④也。滿虛在物，在物為制⑤也。矜者，細⑥之屬⑦也。

▼〈聖跡之圖‧學琴師襄〉〔明〕佚名

注 釋

①選自《管子校注》（中華書局 2004 年版）。標題為編者
　所加。矜，驕矜，傲慢。物，這裡指他人。大士，德行
　高尚的人。
②論人：評價人。
③要：要領，標準。
④虛：虛浮。
⑤制：局限。
⑥細：小的。這裡指小人。
⑦屬：類。

 文 意

　　大凡評價人都有一定的標準。對他人傲慢的人，不能
成為德行高尚的大人物。驕傲就是自滿，自滿就是虛浮。
用自滿和虛浮的態度對待他人就有局限了。傲慢的人，就
是小人一類的人。

海納百川，有容乃大。永不自滿、不斷進取的人，才能真正
獲得成功。

謙　辭

謙辭是謙虛的言辭，以下是一些典型的謙辭：

愚見：謙稱自己的見解。

拙作：謙稱自己的著作。

鄙意：謙稱自己的意見。

敝校：謙稱自己的學校。

敝處：謙稱自己的家鄉、住處或辦公場所。

寒舍：謙稱自己的家。

▲〈桃花圖〉 〔清〕鄒一桂

❸桃李不言①

〔漢〕司馬遷

諺曰：「桃李不言，下自成蹊_{ㄒㄧ}②。」此言雖小，可以諭③大也。

①選自《史記》（中華書局1959年版）。標題為編者所加。
②蹊：小路。
③諭：同「喻」，明白。這裡指使人明白。

　　諺語說：「雖然桃樹、李樹不說話，但花朵芬芳，果實纍纍，來觀賞、採摘的人多了，樹下自然被踏出了小路。」這話雖然短小，卻可以使人明白大道理。

謙虛是一種可貴的美德。美好的品德，無需張揚，自然會深得人心。

9

古人為什麼喜歡佩玉

古人佩戴玉器，不是為了炫耀財富，也不是僅僅作為裝飾，而是另有深意。

早在春秋時期，君子就「比德於玉」，東漢的《說文解字》稱玉有「五德」，即玉具有仁、義、智、勇、潔五種美德。

「潔身如玉」「溫潤如玉」，歷代文人學士賦予了玉溫文爾雅、光明磊落、謙虛守禮、潔身自好等品性。人們佩戴玉器主要是為了表達對這些美德的崇尚，同時也寄託著成為謙謙君子的理想。「君子無故，玉不去身」，這種觀念深深地影響著中國人。所以，佩玉風尚長期流行。

❹見賤如貴①

〔漢〕王符

見賤如貴，視少（ㄕㄠˋ）如長（ㄓㄤˇ）；其禮先入，其言後出；恩意無不答②，禮敬無不報；睹（ㄉㄨˇ）③賢不居其上，與人推讓；事處（ㄔㄨˇ）其勞，居從其陋，位安④其卑，養甘⑤其薄。

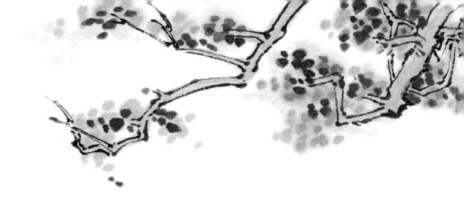

注 釋 ....

①選自《潛夫論箋校正》（中華書局 1985 年版）。標題為
　編者所加。賤，地位低的人。貴，地位高的人。
②答：報答。
③睹：看見。
④安：安心。
⑤甘：甘心，甘願。

文 意 ....

　　見到卑賤的人就像見到尊貴的人，對待年少的人如同
對待年長的人；先行禮，後說話；對別人的恩義和禮敬，
沒有不回報的；看見比自己賢能的人，就不要坐在他的上
位，要謙讓他；做事選擇辛苦的，住處選擇簡陋的，職位
安於卑微的，待遇甘於微少的。

謙謙君子，不僅要學富五車，還要道德高尚。我們要克己
為人，謙虛低調。言行上高標準，生活上低要求，做一個
對社會有貢獻的人。

大樹將軍

　　馮異是漢光武帝劉秀手下的一員大將。他在東漢建立的過程中,屢建奇功,但為人謙虛,懂得退讓,不輕易和他人發生衝突。每當出行遇見其他將領的時候,馮異都會主動讓自己的馬車走在一旁。

　　每逢軍隊停下來宿營,其他將領坐在一起高談闊論、誇耀功勞時,馮異卻經常獨自坐在樹下,因此軍中都稱呼他為「大樹將軍」。

　　攻下邯鄲後,劉秀整編部隊,重新安排各將領的任務。軍中士兵都希望能在「大樹將軍」手下當差。馮異高尚的品格,不僅受到時人的愛戴,也得到後世的景仰。

行知園

口能誦

> 我會背：滿招損⋯⋯

> 我會背：凡論人有要⋯⋯

> 我會背：桃李不言⋯⋯

> 我會背：見賤如貴⋯⋯

學而思

學習本單元課文，思考下列問題：
（1）表示謙虛的成語還有哪些？
（2）歌頌謙虛美德的古詩有哪些？

行且勉

　　謙虛能夠體現一個人的文化修養，我們身邊有很多具有謙虛美德的人，請把他們的事蹟分享給同學們。

王老師
非常謙虛……

張同學就是
謙虛的人……

我的爺爺
也很謙虛……

致力行

中國古人推崇「讀萬卷書，行萬里路」。
我們常說：「一百次心動不如一次行動。」
這告訴我們：與其臨淵羨魚，不如退而結網。
只有身體力行，學而時習之，才能獲得真知，
才能將現在所學的知識轉化為將來建設國家
的能力，國家才會越來越富強。

❺孔子論言行①

（一）

《論語·為政》

子貢問君子。子曰：「先行②其言而後從③之。」

（二）

《論語·里仁》

子曰：「君子欲訥④於言而敏⑤於行。」

①選自《四書章句集注》（中華書局1983年版）。標題為
　編者所加。
②行：實行。
③從：跟從。
④訥：言語遲鈍。這裡指言語謹慎。
⑤敏：勤勞，敏捷。

（一）

　子貢問如何能成為君子。孔子說：「想要做的事先不
要說出來，等你真的做到以後再說出來。」

（二）

　孔子說：「君子言語要謹慎遲鈍，工作要勤勞敏捷。」

　古人認為行勝於言。我們應當重視實踐，而不應誇誇其談。

曹參選官

　　西漢初年，相國蕭何去世，曹參繼任。曹參認為蕭何已制定好大政方針，因此，一切按照章程辦事，只在人事方面進行了調整。他將相國府中那些油嘴滑舌、沽名釣譽的人逐步調走或辭退，挑選了一批崇尚實幹、老成穩重的人來任職。

　　由於用人得當，在曹參任相國的三年中，國家安定昌盛，人民安居樂業。

❻不行不可以言學①

〔明〕王陽明

學射則必張弓挾矢，引滿中的②；學書則必伸紙執筆，操觚《×染翰「ㄢˋ③；盡天下之學，無有不行而可以言學者，則學之始，固已即是行矣。

▼〈豳風圖卷〉（局部）〔宋〕馬和之

①選自《王陽明全集》（上海古籍出版社 1992 年版）。標
　題為編者所加。
②的：靶心，一說箭靶。
③操觚染翰：捉住木簡、用筆蘸墨。觚，木簡。翰，毛筆。

　　學射箭，就一定要張弓搭箭，拉滿弓射中靶心；學寫
字，就一定要鋪紙握筆，執本蘸墨；天下所有的學問，沒
有不實行就可以稱為「學」的，可見，學從一開始就已經
包含了行。

懂得再多也不如腳踏實地去做一件事。理論與實踐結合才
能有所成就。

21

讀萬卷書，行萬里路

　　王陽明認為做學問離不開「行」。知識的獲取離不開實踐。這樣的認識，在古代有一種更加形象的說法：「讀萬卷書，行萬里路。」「讀萬卷書」是非常必要的，但光讀書也是遠遠不夠的，要獲取知識，實踐是必不可少的。所以，古人往往在博覽群書後，遍遊各地，這就是「行萬里路」的緣由。譬如司馬遷從青年時期就開始遊歷天下，為撰寫《史記》收集了大量的材料。此外還有徐霞客、顧炎武等。古人的治學經驗告訴我們：「讀萬卷書，行萬里路」是一種合理有效的認知模式。

❼ 冬夜讀書示子聿ㄩ（其三）①

〔宋〕陸游

古人學問② 無遺③ 力，
少壯工夫④ 老始⑤ 成。
紙上得來終覺淺，
絕⑥ 知此事要躬行。

23

①選自《陸游集》（中華書局 1976 年版）。子聿，陸游的小兒子。

②學問：讀書學習，做學問。

③遺：遺留，剩餘。

④工夫：花費的時間。這裡指付出努力。

⑤始：才。

⑥絕：完全。

文 意

　　古人做學問全力以赴，年輕力壯時付出努力，到了老年才有所成就。從書本上得到的知識終歸淺薄，要完全理解書中的深刻道理，必須身體力行。

求知須重行，知行要合一。行，就是行動，就是探索，就是實踐。要在勇敢的探索中、在不倦的實踐中獲得真知。

紙上談兵

趙括是戰國時期趙國名將趙奢的兒子。他從小飽讀兵書，擅於談論用兵之道，連他的父親也駁不倒他。即便如此，趙奢仍然認為兒子只是說說而已，沒有帶兵打仗的真本事。

後來，趙括當上了趙國的將軍，與秦國軍隊在長平（今山西高平西北）展開激戰。秦將白起布置好埋伏，並故意打了幾場敗戰。趙括不知是計，拼命追趕。白起將其引到預先埋伏好的地方，又派兵將趙軍切成兩段，同時徹底斷掉趙軍糧草。

斷糧草四十多天後，紙上談兵的趙括親自上陣，被秦軍射殺。趙軍大敗。

❽不尚虛談①

〔南北朝〕顏之推

　　士君子②之處世，貴能有益於物耳，不徒③高談虛論，左琴右書，以費人君④祿位⑤也！

注 釋

①選自《顏氏家訓集解》
　（中華書局1993年
　版）。標題爲編者
　所加。
②士君子：士人，
　讀書人。
③徒：只是。
④人君：君王。
⑤祿位：官俸和職位。

文 意

　　士君子立身世間，貴在能夠對他人有所幫助，而不只
是高談闊論，左手抱琴，右手握書，來浪費君王所給予的
官俸和職位啊！

做人要力求實際，不要空談。只有真抓實幹，才能對國家、
對人民有所貢獻。

顏李學派

　　顏李學派是清朝初期的一個學術流派。因該學派的創始人為顏元與李塨（ㄍㄨㄥ）而得名。

　　顏李學派宣導「實學」，主張「實文」「實行」「實體」「實用」，反對死讀書，反對坐而論道。他們認為，要獲得真正有用的知識，必須「躬行而實踐之」。顏元以學樂為例說明他的主張：樂書讀得再熟，如果不去吹拉彈唱，不能算是知樂，必須親自去實踐。

　　顏李學派的主要代表作有《四存編》《習齋記餘》等。該學派在清初以及近代產生了巨大影響。

❾力行近乎仁①

《中庸》

好學近乎知ㄓˋ②，力行近乎仁，
知恥③近乎勇。

①選自《四書章句集注》（中華書局 1983 年版）。標題為
　編者所加。

②知：通「智」，智慧。

③知恥：知道羞恥。

　　熱愛學習，就接近智慧了；努力踐行，就接近仁愛了；
懂得羞恥，就接近勇敢了。

好學、力行、知恥是修身養性的方法與途徑。

徐霞客尋找長江源頭

長江的發源地在哪兒？

《尚書·禹貢》中有「岷山導江」的記載。千百年來，人們奉此為經典。

明代地理學家徐霞客深入研究古代文獻，對此產生了懷疑。他帶著疑問，進行了實地考察，最後發現：發源於崑崙山南麓的金沙江才是長江上源。

當然，由於條件的限制，這一結論仍存在局限性。但他為尋找長江源頭，邁出了極為重要的一步。直到1978年，中國長江流域規劃辦公室和有關單位才確認長江的正源是唐古喇山麓的沱沱河。

行知園

口能誦

我會背：學射則必張弓挾矢……

我會背陸游的〈冬夜讀書示子聿 · 其三〉。

我會背：士君子之處世……

我會背：好學近乎知……

學而思

結合本單元課文，思考「空談誤國，實幹興邦」的意義。

行且勉

讀一讀陶行知的故事，和同學們討論相關話題。

陶行知改名字

　　中國現代著名的教育家陶行知先生，原名陶文濬。1912年，他另取「陶知行」為名。1934年他又發表〈行知行〉，公開宣布將名字由「陶知行」改為「陶行知」。

討論話題：

（1）你能分析出陶行知改名字的原因嗎？

（2）請你聯繫本單元所學的知識，結合實際，談一談知與行的關係，說一說你該如何通過實際行動來實現夢想。

第三單元

尚節義

　　「節」指氣節、節操。「義」指道義、正義。「節義」是中國古代君子恪守的行為準則。我們要堅守氣節、崇尚正義，維護公平和公正。

❿ 見利思義①

《論語‧憲問》

見利思義，見危授命②，久要㊂③不忘平生④之言，亦可以為成人矣。

①選自《四書章句集注》（中華書局 1983 年版）。標題為
　編者所加。
②見危授命：在危亡關頭勇於獻出生命。
③要：為「約」的借字，窮困之意。
④平生：平時。

文 意

　　在利益面前想到道義，遇到危險願意挺身而出，經歷
長久的窮困日子都不忘記平日的諾言，這樣也可以算得上
完人了。

眼前的利益是一時的，而堅守道義卻是永恆的。在利與義
的天平上，我們要端正心態，堅持正確的選擇，不因一時
私利而損害他人、國家的利益。

寧為玉碎，不為瓦全

南北朝時期，東魏的丞相高洋逼迫孝靜帝退位，自立為帝，建立北齊。高洋為了不留後患，把孝靜帝及其近親全部殺掉，連小孩也不放過。

高洋的殘忍行為，讓孝靜帝的遠房親戚很害怕，擔心也會被殺，於是聚在一起商量對策。有個叫元景安的人主張改姓高以避禍，但他的堂兄元景皓表示反對，說：「豈得棄本宗，逐他姓？大丈夫寧可玉碎，不能瓦全。」後來，元景安向高洋告密，元景皓被殺害。

後人用「寧為玉碎，不為瓦全」比喻寧願壯烈地死去，不願苟且偷生。

⓫捨生取義①

《孟子·告子上》

魚，我所欲也；熊掌，亦我所欲也。二者不可得兼②，捨魚而取熊掌者也。生，亦我所欲也；義，亦我所欲也。二者不可得兼，捨生而取義者也。

▲〈采薇圖〉〔宋〕李唐

①選自《四書章句集注》（中華書局 1983 年版）。標題為
　編者所加。捨生取義：捨棄生命，選擇道義。取，選取。
②得兼：同時獲得。

文　意

　　魚，是我想要的；熊掌，也是我想要的。當這兩者不
能同時得到時，我寧願捨棄魚而求取熊掌。生，是我想要
的；道義，也是我想要的。當這兩者不能同時得到時，我
寧願放棄生命而選擇道義。

孟子教導人們崇尚正義、肩挑道義、追求真理，為了正義
事業不怕犧牲，而不是要人們輕易放棄生命。

不食嗟（ㄐㄧㄝ）來之食

有一年，齊國出現了嚴重的饑荒。有一個叫黔敖的富人在路邊準備好飯食，供路過的饑民來吃。

有個人用袖子蒙著臉，無力地拖著腳步，跟跟蹌蹌地走來。黔敖拿著食物說道：「嗟，來食！」（「喂，來吃吧！」）

那個饑民揚眉抬眼看著他，說：「予唯不食嗟來之食，以至於斯也。」（「我就是不願吃嗟來之食，才落到這個地步。」）

黔敖意識到「嗟」含有不尊重人的語意，就追上前去向他道歉，他仍然不吃，最後餓死了。

曾子認為這個饑民太固執了：如果別人不客氣地招呼你，你可以走開。但當別人已經道歉時，你就應該改變態度。

⑫萬事之將①

《尸子》

十萬之軍，無將軍必大亂。夫ㄈㄨˊ義，是萬事之將也。國之所以立②者，義也；人之所以生③者，亦義也。

▲〈關羽擒將圖〉〔明〕商喜

①選自《尸子》（中華書局 1991 年版）。標題為編者所加。
②立：存在。
③生：生存。

　　十萬人的軍隊，沒有一個統帥必定會大亂。道義，就是萬事的統帥。國家之所以能夠存在，就是靠道義維繫；人之所以能夠生存，也是靠道義支撐。

道義是立國和做人的根本。
大到一個國家，小到一個人，
都要遵循道義。

關　公

　　關公，即關羽，字雲長，河東解縣（今山西運城）人。三國時期蜀漢著名將領。他雖然作戰英勇，但驕傲輕敵，最終兵敗麥城，被孫權斬首。

　　關羽去世後，逐漸被神化。蜀漢統治者給他的封號只是「壯繆侯」，宋徽宗封其為「忠惠公」「義勇武安王」。到了清代，關羽更成為「忠義神武關聖大帝」，被尊崇為「武聖」。

　　在民間，桃園三結義、溫酒斬華雄、降漢不降曹、義釋曹操、單刀赴會等故事廣為流傳，使關羽成為忠義的化身，成為人們祭拜的對象。

⓭不為五斗米折腰①

《晉書・陶潛傳》

素簡貴②，不私事③上官。郡遣督郵④至縣，吏白⑤應束帶見之，潛歎曰：「吾不能為五斗米折腰，拳拳⑥事鄉里小人邪⑦！」義熙二年，解印⑧去縣，乃賦歸去來。

注 釋 ....

①選自《晉書》（中華書局 1974 年版）。標題為編者所加。
②簡貴：清高。
③私事：私下侍奉。
④督郵：郡的屬吏，代表太守督察縣鄉，宣達政令。
⑤白：說，報告。
⑥拳拳：誠摯的樣子。
⑦邪：同「耶」，表示疑問的語氣詞。
⑧解印：解下官印。這裡指辭去官職。

文 意 ....

　　陶潛一向清高，從不私下討好長官。郡守派遣督郵到
縣裡，縣吏告知說應該整飾衣冠去拜見督郵，陶潛歎息說：
「我不能為了五斗米俸祿去彎腰，低聲下氣地服侍鄉里小
人！」義熙二年，他辭官離開縣府，並寫下了〈歸去來兮
辭〉。

陶淵明清正廉明，不願卑躬屈膝攀附權貴，「不為五斗米
折腰」，失去的是官位，獲得的是人格尊嚴。

古代的度量衡

　　度量衡是計量物體長短、容積、輕重標準的統稱。古代的度量衡制度和現在很不一樣，而且在各個朝代也不相同，非常複雜。

　　度量單位有寸、咫、尺、丈、尋、常、仞等。東漢的一尺大約相當於二十三公分，宋代的一尺大約相當於三十一公分。

　　容量單位有升、斗、鍾等。其中，一斗等於十升，陶淵明「不為五斗米折腰」中的五斗，就是指五十升。

　　重量單位有兩、斤、鈞等。其中，古代的一斤等於十六兩，因此半斤就是八兩。後來，人們就用「半斤八兩」來表示分不出高低的意思。

⑭蘇武①

〔唐〕李白

蘇武在匈奴，
十年持漢節②。
白雁上林③飛，
空傳一書札ㄓㄚ④。
牧羊邊地苦，
落日歸心絕。
渴飲月窟⑤冰，
饑餐天上雪。
東還ㄏㄨㄢ沙塞ㄙㄞ遠，
北愴ㄔㄨㄤ河梁⑥別。
泣把李陵⑦衣，
相看淚成血。

▲〈蘇武牧羊〉〔清〕任頤

①選自《全唐詩》（中華書局 1999 年版）。蘇武：字子卿。
　漢武帝時，蘇武出使匈奴，被匈奴扣留，長達十九年，
　保持忠心不改，後終於返漢。
②漢節：漢天子所授予的符節。
③上林：上林苑，西漢皇家園林。
④書札：書信。漢使者為解救蘇武而編了一個故事：漢天
　子射下一隻南飛的白雁，大雁的腳上綁著一封帛書，是
　蘇武所寫的書信。
⑤月窟：月亮的歸宿處，泛指邊遠寒冷的地方。
⑥河梁：河上的橋梁。
⑦李陵：原係西漢名將，奉漢武帝之命率五千步兵出征匈
　奴，終因寡不敵眾兵敗投降。

文 意

　　蘇武被扣於匈奴，十多年來不離漢節。白雁高翔，飛
過上林苑，攜去蘇武身處北地的消息。他塞外牧羊備嘗艱
辛，無數次看著夕陽歸山，東歸之心也跟著絕望了。曾經
渴飲冰窖水，也曾饑食天上雪。賴天子關懷，終於要離開
塞外，回歸故里。臨行前與李陵訣別橋上，蘇武抓著李陵
的衣襟，四目相對，雙雙留下了辛酸的眼淚。

蘇武牧羊的故事體現了古人「貧賤不能移，威武不能屈」
的崇高氣節。

你知道嗎

節

　　蘇武牧羊北海邊，手不離節。節是什麼？為什麼他一直握在手裡？

　　蘇武所持的節是用竹子製成，長約八尺。竹柄上束有用犛牛尾製成的裝飾品，共三層。

　　蘇武是漢武帝派遣出使匈奴的大臣。按照當時的慣例，大臣出使必須手持憑證。節就是這樣的憑證。節是皇帝授予的，持節者是皇帝的代表。對於使臣來說，他所持的節就是皇帝和國家的象徵，保護它也就意味著忠君愛國。

行知園

口能誦

> 我會背：見利思義

> 我會背：魚，我所欲也

> 我會背：十萬之軍

> 我會背：素簡貴，不私事上官

> 我會背李白的〈蘇武〉。

學而思

1. 把下列成語補充完整，並想想它們的含義。

   見 ＿＿＿ 思 ＿＿＿　　見 ＿＿＿ 忘 ＿＿＿　　貪 ＿＿＿ 忘 ＿＿

2. 現在有些人把為朋友兩肋插刀視為講「義氣」，請結合本單元所學，思考如何看待這種「義氣」。

行且勉

1. 請將蘇武牧羊的故事說給父母聽，並和他們分享你的看法。

2. 動手查一查相關資料，找出像蘇武一樣堅守氣節、忠貞愛國的歷史名人，並與同學一起討論他們的事蹟。

第四單元

天人和

天，就是大自然。人，就是人類。

天地之間有萬物，萬物之中有人類。人類要想生存，必須依靠萬物。古人以和為貴，主張人順應自然，與大自然和諧相處。

▲〈聖跡之圖‧職司乘田〉　〔明〕佚名

❶❺釣而不綱①

（一）

《論語‧述而》

子釣而不綱，弋ˋ② 不射宿ㄙㄨˋ③ 。

（二）

《淮南子‧主術訓》

先王之法，畋ㄊㄧㄢˊ④ 不掩群，不取

麛ㄇㄧ夭⑤ ，不涸ㄏㄜˊ澤而漁，不焚林而獵。

注 釋 ⋯⋯⋯⋯⋯⋯⋯⋯⋯⋯⋯⋯⋯⋯⋯⋯⋯⋯⋯⋯⋯⋯⋯⋯⋯⋯⋯⋯⋯⋯

①分別選自《四書章句集注》（中華書局 1983 年版）、《淮
南鴻烈集解》（中華書局 1989 年版）。標題為編者所加。
網，提網的總繩。這裡指用漁網捕魚。
②弋：用帶繩子的箭射鳥。
③宿：留宿，過夜。這裡指歸巢歇宿的鳥。
④畋：打獵。
⑤麛夭：泛指幼獸。麛，小鹿。夭，幼小的禽獸。

文 意 ⋯⋯⋯⋯⋯⋯⋯⋯⋯⋯⋯⋯⋯⋯⋯⋯⋯⋯⋯⋯⋯⋯⋯⋯⋯⋯⋯⋯⋯⋯

（一）

孔子釣魚卻不用漁網捕魚，射鳥但不射已經歸巢的鳥。

（二）

古代聖王的法律規定，打獵不捕盡一群，不獵取幼獸，
不排盡湖中的水來捕魚，不焚燒森林來狩獵。

古人很早就有維護生態平衡的意識。我們要想保持生態平
衡，對自然資源就要取之有度、用之有節。

涇渭分明

「涇渭分明」是一個成語，現多比喻界限清楚。其本義是指在涇水和渭水匯合處，可以明顯看到兩條河的顏色不同。

到底哪條河更清澈呢？歷史上不同時期，並不一樣。《詩經》記載「涇以渭濁」，說明春秋以前涇水清、渭水渾。到了唐代時，情形完全逆轉了。涇水上游植被遭到了嚴重破壞，水土流失嚴重，涇水成為泥河。杜甫有詩曰：「旅泊窮清渭，長吟望濁涇。」如今，兩條河都很渾濁，涇渭分明的景觀已不明顯。涇渭兩水清濁的歷史變化，與人類對該地區的開發密切相關。正是人們對環境的破壞，造成水土流失，水中泥沙量增大，兩條河都越來越渾濁了。

⑯天地之道①

（一）

《禮記·樂記》

天地之道，寒暑不時②則疾，風雨不節③則饑。

（二）

〔漢〕司馬遷

春秋冬夏，或暑或寒。寒暑不和，賊氣④相奸ㄐㄧㄢ⑤。同歲異節，其時使然⑥。故令春生夏長ㄓㄤˇ，秋收冬藏。

①分別選自《禮記正義》（北京大學出版社 1999 年版）和
　《史記》（中華書局 1959 年版）。標題為編者所加。
②時：符合時令。
③節：符合節令。
④賊氣：反常之氣，邪氣。
⑤奸：通「干」，干擾。
⑥使然：使……變成這樣。

 文 意

（一）

　　自然的規律是，寒暑不合時令就容易發生疾病，風雨
不合節令就容易發生饑荒。

（二）

　　春秋冬夏，有時炎熱有時寒冷。寒暑不調和，邪氣就
會互相干擾。一年有不同的節氣，是各自所處的時間不同
而形成的。所以讓萬物在春天萌芽，夏天生長，秋天收穫，
冬天儲藏。

大自然有自身的規律，人們可以認識規律，利用規律，卻
無法改變規律。天人合一，和諧相處，才是正道。

坎兒井

坎兒井古稱「井渠」，由豎井、暗渠兩部分組成。它通過人工開鑿的地下管道，把豐富的地下水引上地面灌溉農田和供居民飲用。

坎兒井最早出現於西漢。但現存的坎兒井多為清代以來陸續修建的，主要分布在新疆的吐魯番、哈密一帶。

坎兒井利用暗渠引水，減少了蒸發，使戈壁沙漠變成了綠洲，生產出品質優良的瓜果、糧食、棉花、油料等。

⑰牛山之木①

《孟子 · 告子上》

牛山之木嘗美②矣，以其郊③於大國也，斧斤伐之，可以為美乎？是其日夜之所息④，雨露之所潤，非無萌蘖（ㄋㄧㄝ）⑤之生焉，牛羊又從而牧之，是以若彼濯（ㄓㄨㄛˊ）濯⑥也。

注釋

①選自《四書章句集注》（中華書局 1983 年版）。標題為編者所加。牛山，在今山東臨淄。

②美：事物美好。這裡指草木茂盛。

③郊：郊野。

④息：繁殖。

⑤萌櫱：泛指植物的新芽。萌，芽。櫱，木枝被砍去後再生的芽。

⑥濯濯：光禿禿的樣子。

文意

牛山的樹木曾經很繁茂，因為它們長在都城的郊外，假如常有人用斧子砍伐它們，還能保持繁茂嗎？當然，那山上日夜生長、受雨露滋潤的樹木，並不是沒有嫩芽新枝長出來，但緊接著牛羊又被放牧到這裡，因此，牛山就成為現在光禿禿的樣子了。

對大自然饋贈的資源，我們要有節制地開發利用。要持續發展必須注意生態平衡，不可過度開發。

你知道嗎

柳州種柳

　　自古以來，不少有識之士都十分重視植樹造林，改善環境。唐代詩人柳宗元對植樹更是情有獨鍾。柳宗元任柳州刺史時，為了改變柳州落後面貌，他一邊號召百姓種莊稼，一邊動員群眾植樹造林。到他離任時，城裡城外、河邊路旁已是柳成蔭、樹成行，處處呈現一派綠色景象。

　　他曾作〈種柳戲題〉一詩，戲說當時生活：「柳州柳刺史，種柳柳江邊。談笑為故事，推移成昔年。垂陰當覆地，聳幹會參天。好作思人樹，慚無惠化傳。」

▲〈明月神樹圖〉〔清〕湯祿名

⑱網開三面①

〔漢〕司馬遷

　湯出，見野②張網四面，祝③
曰：「自天下四方皆入吾網。」
湯曰：「嘻，盡之矣！」乃去其
三面，祝曰：「欲左，左。欲右，
右。不用命④，乃入吾網。」

注 釋

①選自《史記》（中華書局 1959 年版）。標題為編者所加。
②野：郊野，田野。
③祝：祈禱，禱告。
④命：命令。

 文 意

　　湯外出狩獵，看見郊野的四面都張著羅網，張網的人祈禱：「願天下所有的鳥獸，從四面八方都進入我的網中！」湯聽後說：「唉，這是要把鳥獸都一網打盡啊！」於是他下令把羅網撤去三面，讓張網的人祈禱：「想往左邊走的就去左邊，想向右邊逃的就去右邊。不聽從命令的，就進我的羅網吧。」

網開三面，是仁愛的體現。我們做人和做事都應該留有餘地。

頤和園的興建

　　北京西北郊玉泉山和甕山一帶，泉水豐沛。甕山之下，泉水彙聚成一塊沼澤，名為甕山泊，又叫西湖，是西北郊最大的天然湖，風光秀麗。同時，西湖與甕山一起，形成北山南湖的格局，是理想的園林建構基址。

　　乾隆年間，疏浚北京西北郊河道的工程啟動，西湖也得到了改造，面積擴大一倍，並改稱為昆明湖，甕山也改名為萬壽山。乾隆皇帝圍繞昆明湖展開了全面的建設，修建了一系列亭、橋、榭等建築，形成山環水繞、山水相依的園林意境，體現了「天人合一」的理念，乾隆皇帝給它命名為清漪（一）園。

　　清朝末期，慈禧太后對其加以擴建，更名為頤和園。

⑲竭澤而漁①

《呂氏春秋·義賞》

竭澤而漁，豈不獲得？而明年②無魚。焚藪ˋ③而田④，豈不獲得？而明年無獸。

 釋 ....

①選自《呂氏春秋集釋》（中華書局 2009 年版）。標題為
　編者所加。竭，使乾涸。
②明年：第二年。
③藪：草木積聚之處。
④田：同「畋」，打獵。

文 意 ....

　　排盡湖水來捕魚，怎麼會沒有收穫？但第二年就沒有
魚了。燒毀山林來打獵，怎麼會沒有收穫？但第二年就沒
有野獸了。

不亂砍濫伐，不過度狩獵，做好生態保護，自然資源才可
能取之不盡、用之不竭。

四季假山

　　个園是清代嘉慶年間鹽商黃至筠在壽芝園舊址上建成的私家園林。个園的設計體現了「天人合一」的觀念。它的四個假山,展現了春夏秋冬四季景色,號稱「四季假山」。

　　春季假山靠近北門入口處。沿牆布置石筍,似新竹出土,且與竹林呼應,宛若春天。

　　夏季假山在園的西北。假山北面有一池塘,澗穀、秀木、水聲搭配在一起,十分清幽。

　　秋季假山在園的東北角,由黃石疊成,拔地而起。登高而望,頓覺秋高氣爽。

　　冬季假山在東南小庭院中,倚牆疊置潔白的宣石(雪石),看似皚皚白雪,又在南牆上開了四行圓孔,產生北風呼嘯的效果,營造了一幅冬天大雪紛飛的景象。

口能誦

> 我會背：子釣而不綱……

> 我會背：天地之道……

> 我會背：牛山之木嘗美矣……

> 我會背：湯出，見野張網四面……

> 我會背：竭澤而漁……

學而思

　　學習本單元課文，想一想，中國園林是如何體現「天人合一」理念的。

行且勉

1. 在校園或社區裡調查一下，列舉幾個保護大自然的事例。

2. 查找與「人與自然和諧相處」相關的詩句或名言，動手為它們配圖並將其製成卡片，與同學交換學習這些詩句和名言。

第五單元

敦仁厚

「仁」是儒家學說的核心要義。「仁」的第一要義是愛人。愛人從愛親人開始，繼而推廣到愛天下人，乃至愛天下萬物。胸懷仁愛之心去感知朋友間的親近和睦，去感受幫助他人帶給自己的愉悅，讓友善的美德在你我間傳揚。

⑳樊遲問仁①

《論語·顏淵》

樊遲問仁。子曰：「愛人。」

問知ㅗˋ。子曰：「知人②。」

①選自《四書章句集注》（中華書局 1983 年版）。標題為
　編者所加。樊遲，一名須，字子遲。孔子的學生。
②知人：善於鑑別人的品行、才能。

　　樊遲問什麼是仁。孔子說：「愛別人。」樊遲問什麼
是智。孔子說：「善於鑑別人的品行、才能。」

友愛他人，理解他人，才能與人和諧相處。

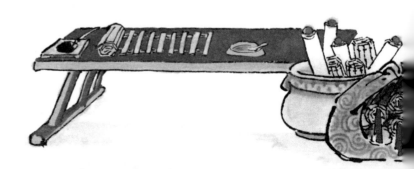

《論語》

　　《論語》主要記載孔子及其弟子的言行，是中國現存最早的語錄體著作。由孔子弟子及再傳弟子編纂而成，共二十篇，四百九十二章。《論語》集中體現孔子的道德思想、政治主張和教育理念等。

　　《論語》是儒家經典之一，與《大學》《中庸》《孟子》合稱「四書」。

㉑恭寬信敏惠①

《論語·陽貨》

▲〈渭濱重釣〉〔明〕戴進

子張②問仁於孔子。孔子曰：「能行五者於天下，為仁矣。」請問之。曰：「恭、寬、信、敏、惠。恭則不侮，寬則得眾，信則人任③焉，敏則有功，惠則足以使人。」

74

①選自《四書章句集注》（中華書局 1983 年版）。標題為
　編者所加。
②子張：姓顓（ㄓㄨㄢ）孫，名師，字子張。孔子的學生。
③任：信任，任用。

文　意

　　子張向孔子請教仁的涵義。孔子說：「能夠處處踐行
五種品德，就是仁了。」子張請教是哪五種品德。孔子說：
「恭敬、寬厚、誠信、勤敏、慈惠。恭敬就不會招致侮辱，
寬厚就會得到眾人擁護，誠信就會得到別人信任，勤敏就
能做出成績，慈惠就能夠使喚別人。」

仁愛並不是一個空泛的概念，而應該落到實處。踐行恭、
寬、信、敏、惠五種品德，就是實現仁愛的有效途徑。

五　經

「五經」是指《詩》《書》《禮》《易》《春秋》五部經典。

《詩》指《詩經》，是中國最早的一部詩歌總集，由風、雅、頌三部分組成。

《書》指《尚書》，是古代最早的一部歷史文獻彙編。

《禮》，漢代指《儀禮》，後世指《禮記》。《儀禮》是春秋、戰國時代一部分禮制的彙編。《禮記》是秦漢以前各種禮儀論著的選集。《儀禮》和《周禮》《禮記》合稱「三禮」。

《易》指《周易》，包含《易經》《易傳》兩個部分。《易經》原為占卜之書，《易傳》對《易經》做了系統解說和哲理發揮。

《春秋》是編年體史書。敘事極簡，用字寓褒貶。注釋《春秋》的書以《春秋左氏傳》《春秋公羊傳》《春秋穀梁傳》最為有名。

㉒ 立人達人①

《論語·雍也》

夫ㄈㄨ仁者，己欲立而立人，己欲達而達人。能近取譬ㄆㄧˋ②，可謂仁之方③也已。

①選自《四書章句集注》（中華書局 1983 年版）。標題為
　編者所加。立，成就。達，實現目標。
②能近取譬：能就自己打比方。這裡指能設身處地，推己
　及人。取譬，打比方。
③方：方法，途徑。

文 意 ···

　　所謂仁，就是自己想要有所成就，也要幫助別人有所
成就；自己想要實現目標，也要幫助別人實現目標。凡事
能推己及人，為他人著想，可以說是實踐仁道的方法。

要想有所成就，就要從自身做起，從小事做起；同時，要
相互理解，相互幫助，共同進步。

張萇年分牛

張萇年，北魏時期人。他擔任汝南郡的太守時，審理了一起案件。

郡裡的劉崇之兄弟分家，家中只有一頭牛，兩人都想得到，互不相讓。鄰里多次調解，也不能解決，二人就上訴到官府。

張萇年看過訴狀後，對劉氏兄弟說：「你們兩兄弟因為只有一頭牛才打官司。如果有兩頭牛，那就沒有爭議了。」劉氏兄弟聽後說：「可我們只有這一頭牛啊。」張萇年說：我送你們一頭牛，你們各自回家好好過日子吧！兄弟倆既高興又慚愧，牽著牛回家了。自此以後，汝南境內的民風漸漸變得敦厚禮讓。

㉓親親仁民愛物①

《孟子·盡心上》

君子之於物也，愛之而弗ㄈㄨ②
仁；於民也，仁之而弗親。親親
而仁民，仁民而愛物。

《雍正御製耕織圖·入倉》〔清〕佚名

注 釋

①選自《四書章句集注》（中華書局 1983 年版）。標題為
　編者所加。愛，愛惜。
②弗：不。

文 意

　　君子對於萬物，愛惜它們，但不用仁愛對待它們；對
於百姓，用仁愛對待他們，卻不親愛他們。君子親愛自己
的親人，進而仁愛百姓；仁愛百姓，進而愛惜萬物。

仁愛不是狹隘的。仁愛首先是愛自己的親人，再把對親人
的愛推廣開來，愛別人，愛眾人，乃至愛惜鳥獸、草木等
萬物。

《孟子》

　　《孟子》記載了孟子及其弟子的政治、教育、哲學等思想觀點和政治活動。孟子名軻，字子輿，戰國時期鄒國人。他是繼孔子之後儒家學派的又一位代表人物，後世稱之為「亞聖」，與孔子合稱為「孔孟」。

　　《孟子》包括〈梁惠王〉〈公孫丑〉〈滕文公〉〈離婁〉〈萬章〉〈告子〉〈盡心〉七篇。該書不但理論純粹宏博，而且文章雄健優美，極富感染力，行文氣勢磅薄，雄辯滔滔，對後世產生了深遠的影響。

行知園

口能誦

我會背：樊遲問仁……

我會背：子張問仁於孔子……

我會背：夫仁者……

我會背：君子之於物也……

學而思

　　「仁」是一個含義豐富的概念，根據本單元所學的內容，我們一起來思考，如何做到與人為善。

行且勉

1. 請把子張向孔子「問仁」的故事講給父母聽聽。

2. 樊遲、子張等人向孔子請教什麼是「仁」，孔子的回答有些不一樣，請你查查資料，再歸納幾條孔子關於「仁」的思想。

_____

_____

_____

_____

_____

_____

第六單元

書之法

　　書法是一種藝術，也是一種文化。千百年來，中國書法的獨特魅力影響和造就了一批名揚四海的書法家。他們不僅創作了照耀千古的書法作品，還留下了許多講授書法技巧、品評書法作品、總結書法理論的著作，讓中華文明大放異彩。

▲〈杭州福神觀記〉（局部）　〔元〕趙孟頫

❷❹書法備於正書①

〔宋〕蘇軾

　書法備於正書，溢②而為行、草。未能正書，而能行、草，猶未嘗莊語③，而輒放言④，無是道也。

①選自《蘇軾文集》（中華書局1986年版）。標題為編者
　所加。正書，即楷書。
②溢：超出。
③莊語：嚴正的議論。
④放言：暢所欲言，不受拘束。這裡指高談闊論。

　　漢字的書寫規則到楷書已經完備，行書、草書是對楷
書書寫規則的突破。楷書都沒寫好，就寫行書、草書，就
像不曾表達規範就高談闊論，沒有這樣的道理啊。

打好基礎，循序漸進，是學好書法的前提和方法。只有先
學好楷書，才能寫好行書、草書。

你知道嗎

楷書四大家

　　楷書四大家是指中國歷史上以楷書著稱的四位書法家，即唐代的歐陽詢、顏真卿、柳公權和元代的趙孟頫。他們的書法分別被稱為歐體、顏體、柳體和趙體。

　　歐陽詢書法勁險刻厲，於平正中見險絕，代表作有〈九成宮醴泉銘〉〈皇甫誕碑〉等。

　　顏真卿、柳公權二人的書法被認為像筋、骨一樣挺勁有力，世稱「顏筋柳骨」。顏真卿的代表作有〈多寶塔碑〉〈顏勤禮碑〉等。柳公權的代表作有〈玄祕塔碑〉〈神策軍碑〉等。

　　趙孟頫書、畫兼長，書法圓轉遒麗，尤精正、行書和小楷，代表作有〈洛神賦〉〈膽巴碑〉等。

▶〈顏勤禮碑〉
拓片（局部）
〔唐〕顏真卿

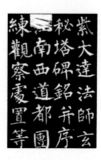

▶〈玄祕塔碑〉
拓片（局部）
〔唐〕柳公權

88

25 臨習①

〔明〕解縉

學書之法，非口傳心授，不得其精。大要②須臨古人墨跡③，布置間架④，捏破管⑤，書破紙，方有工夫⑥。

▶《九成宮醴泉銘》拓片（局部）〔唐〕歐陽詢

①選自《歷代書法論文選》（上海書畫出版社 2012 年版）。
　標題為編者所加。
②大要：要旨，概要。
③墨跡：書畫的真跡。
④間架：本指房屋建築的結構，後常用以比喻詩文、字畫
　等的結構和布局。
⑤捏破管：捏破筆管。這裡指握筆有力，也指練字勤奮。
⑥工夫：功力，造詣。

文 意

　　學習書法的方法，如果不是口頭傳授、內心領會，是
難以獲得其中精要的。關鍵是必須臨摹古人的真跡，揣摩
筆畫架構，捏破筆管，力透紙背，才能有所造詣。

臨摹是初學書法繞不開的一個環節，需要在師長的指導下，
用心領會，持之以恆，勤學苦練。

硯

　　硯，即硯臺，磨墨的器具，與筆、墨、紙並稱為「文房四寶」。中國古硯品種繁多，知名的有端硯、歙（ㄕㄜˋ）硯、洮（ㄊㄠˊ）硯、澄泥硯。

　　端硯：因產於廣東肇（ㄓㄠˋ）慶一帶（舊屬端州）而得名。石質堅實細潤，雕琢精美。唐代詩人李賀讚曰：「端州石工巧如神，踏天磨刀割紫雲。」

　　歙硯：因產於安徽歙縣（舊屬歙州）而得名。石質潤密，不吸水，造型渾樸。北宋蔡襄有詩云：「玉質純蒼理致精，鋒芒都盡墨無聲。」

　　洮硯：因產於甘肅臨洮（舊屬洮州）而得名。宋代著名鑑賞家趙希鵠云：「除端、歙二石外，惟洮河綠石，北方最貴重，綠如藍，潤如玉。」

　　澄泥硯：是用經過澄洗的細泥作為原料加工燒製而成，其功效可與石硯媲美。山西、河南等地都有生產。

㉖心手合一①

《宋史·吳越錢氏世家》

惟治②善草隸③，尤好「公二王④
書，嘗曰：「心能御⑤手，手能御
筆，則法在其中矣。」

▲王羲之〈蘭亭序〉（摹本局部）

①選自《宋史》（中華書局 1977 年版）。標題為編者所加。
②惟治：即錢惟治。
③草隸：草書。
④二王：即王羲之、王獻之。王羲之、王獻之父子均為東
　晉書法家。
⑤御：駕馭車馬。這裡指掌握和控制。

文意

　　錢惟治擅長寫草書，尤其喜歡王羲之、王獻之的書法。
他曾經說：「如果能做到以心駕馭自己的手，以手駕馭寫
字的筆，那麼，書法的要義就在其中了。」

古人云：「心正則筆端，筆端則字正。」心手合一，才是
書法學習的要義。

六分半書

　　「六分半書」指的是清代書畫家鄭燮（字克柔，號板橋）所創的書法字體，世人亦稱「板橋體」。他以隸體摻入行楷，開創出這種介於楷隸之間，而隸多於楷的字體。由於隸書又稱「八分」，因此鄭燮戲稱自己所創的這種非隸非楷的書體為「六分半書」。《墨林今話》評論說：「板橋書隸、楷參半，自稱六分半書，極瘦硬之致，亦間以畫法行之。」鄭板橋書法的這種創新，正是以他對傳統書法的深厚理解為基礎，加上自己獨特的見解，融會貫通而成。

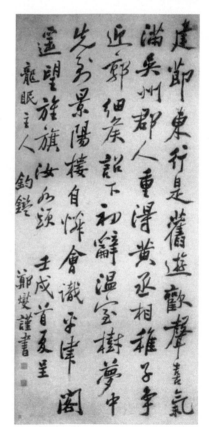

▲鄭燮書法

㉗貴有道①

〔宋〕黃庭堅

學書要須胸中有道義②，又廣之以聖哲之學，書乃可貴。若其靈府③無程④，政使⑤筆墨不減元常、逸少⑥，只是俗人耳。

▼草書〈杜甫寄賀蘭話詩〉〔宋〕黃庭堅

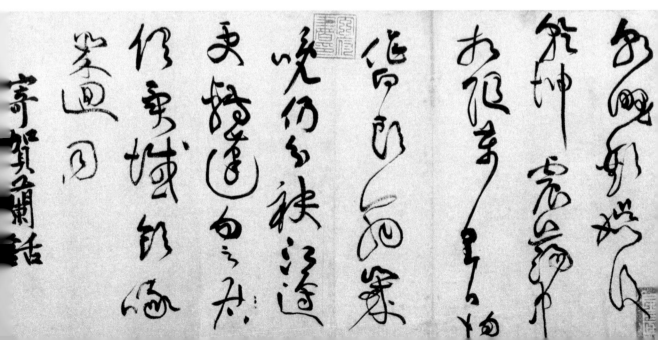

①選自《黃庭堅全集》（四川大學出版社 2001 年版）。標題為編者所加。
②道義：道德和義理。這裡指堅守的原則。
③靈府：心中。
④程：法度，法規。
⑤政使：即使。政，通「正」。
⑥元常、逸少：鍾繇（一ㄡˊ）、王羲之。鍾繇，字元常，三國魏書法家。王羲之，字逸少。

文 意

　　學習書法必須要胸中有道義，再廣泛吸收、領會聖賢哲人的學問，書法作品才可貴。如果心中沒有法度，即使技法不比鍾繇和王羲之差，也只不過是俗人罷了。

書法作品的風格是書法家情性、品格的自然流露。臨習書法，須體會書法精神，在潛移默化中塑造高尚的人格。

毛筆的別名

毛筆是中國傳統的書寫工具。古代文人珍愛毛筆，給毛筆送了不少雅號。如：

毛穎、管城子、中書君——這三個雅號均出自唐代文學家韓愈的〈毛穎傳〉。韓愈將毛筆當作人來寫，給毛筆取名叫「毛穎」（「穎」即指筆尖），號「管城子」（筆桿由竹管製成），又叫「中書君」（「中書」即適宜書寫的意思）。

翰——三國魏詩人曹植詩句「騁我徑寸翰，流藻垂華芳」中的「翰」即毛筆。

秋毫——唐代詩人朱逵詩句「轉腕摧鋒增崛崎，秋毫繭紙常相隨」中將毛筆稱「秋毫」。

行知園

我會背：書法備於正書……

我會背：學書之法，非口傳心授……

我會背：惟治善草隸……

我會背：學書要須胸中有道義……

學而思

1. 請將下面對應的字用線連起來。

心　　天　　虫　　水

2. 請將下面不同的「春」字與相對應的書體稱謂連起來。

篆書　　　隸書　　　楷書　　　草書　　　行書

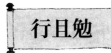
行且勉

請在下面田字格中書寫一個成語，秀一秀自己的書法。

A0601A06

朝讀經典 6：力行近仁

主　　編	馮天瑜	
版權策劃	李　鋒	

發 行 人	陳滿銘
總 經 理	梁錦興
總 編 輯	陳滿銘
副總編輯	張晏瑞
編 輯 所	萬卷樓圖書股份有限公司
特約編輯	王世晶
內頁編排	小　草
封面設計	小　草
印　　刷	維中科技有限公司

出　　版	昌明文化有限公司
	桃園市龜山區中原街 32 號
電　　話	(02)23216565
發　　行	萬卷樓圖書股份有限公司
	臺北市羅斯福路二段 41 號 6 樓
	之 3
電　　話	(02)23216565
傳　　真	(02)23218698
電　　郵	SERVICE@WANJUAN.COM.TW

大陸經銷	廈門外圖臺灣書店有限公司
電　　郵	JKB188@188.COM

ISBN 978-986-496-382-9
2018 年 10 月初版
定價：新臺幣 400 元

如何購買本書：

1. 劃撥購書，請透過以下帳號
　帳號：15624015
　戶名：萬卷樓圖書股份有限公司
2. 轉帳購書，請透過以下帳戶
　合作金庫銀行古亭分行
　戶名：萬卷樓圖書股份有限公司
　帳號：0877717092596
3. 網路購書，請透過萬卷樓網站
　網址 WWW.WANJUAN.COM.TW

大量購書，請直接聯繫，將有專人為
您服務。(02)23216565 分機 10
如有缺頁、破損或裝訂錯誤，請寄回
更換

國家圖書館出版品預行編目資料

朝讀經典 .6：力行近仁 / 馮天瑜主編 . -- 初版 .
-- 桃園市：昌明文化出版；臺北市：萬卷樓發行，
2018.08
100 面；18.5x26 公分
ISBN 978-986-496-382-9（平裝）
1. 國文科 2. 漢學 3. 中小學教育
　523.311　　　　　　　　　　107016700

本著作物經廈門墨客知識產權代理有限公司代理，由湖北人民出版社授權萬卷樓圖書股份有限公司
出版、發行中文繁體字版版權。